Explora Urano

Jackie Golusky

ediciones Lerner ◆ Mineápolis

¡Escanea el código QR en la página 21 para ver Urano en 3D!

Traducción al español: copyright © 2024 por Lerner Publishing Group, Inc.
Título original: *Explore Uranus*
Texto: copyright © 2021 por Lerner Publishing Group, Inc.
La traducción al español fue realizada por Zab Translation.

Todos los derechos reservados. Protegido por las leyes internacionales de derecho de autor. Se prohíbe la reproducción, el almacenamiento en sistemas de recuperación de información y la transmisión de este libro, ya sea de manera total o parcial, por cualquier medio o procedimiento, ya sea electrónico, mecánico, de fotocopiado, de grabación o de otro tipo, sin la previa autorización por escrito de Lerner Publishing Group, Inc., exceptuando la inclusión de citas breves en una reseña con reconocimiento de la fuente.

ediciones Lerner
Una división de Lerner Publishing Group, Inc.
241 First Avenue North
Mineápolis, MN 55401, EE. UU.

Si desea averiguar acerca de niveles de lectura y para obtener más información, favor consultar este título en www.lernerbooks.com.

Fuente del texto del cuerpo principal: Billy Infant regular.
Fuente proporcionada por SparkType.

Library of Congress Cataloging-in-Publication Data

The Cataloging-in-Publication Data for *Explora Urano* is on file at the Library of Congress.
ISBN 979-8-7656-0821-0 (lib. bdg.)
ISBN 979-8-7656-2326-8 (pbk.)
ISBN 979-8-7656-1241-5 (epub)

Fabricado en los Estados Unidos de América
1-1009453-51460-4/28/2023

Contenido

Todo sobre Urano — 4

Lunas y anillos de Urano — 8

La vida en Urano — 12

Estudiar Urano — 16

Datos sobre los planetas — 20

Historia espacial — 21

Glosario — 22

Más información — 23

Índice — 24

Todo sobre Urano

A aproximadamente 1800 millones de millas (2900 millones de km) del Sol está el mundo frío y azul de Urano.

Este diagrama muestra el orden de los planetas en el sistema solar.

Urano es el séptimo planeta desde el Sol. Es el segundo planeta más frío del sistema solar: puede alcanzar unos −372 °F (−224 °C). Es lo suficientemente frío como para congelar el oxígeno.

Urano tiene un diámetro aproximado de 31 518 millas (50 724 km). Es cuatro veces más ancho que la Tierra.

Urano y Neptuno son los dos últimos planetas del sistema solar. Los científicos llaman a Urano y Neptuno los gigantes de hielo, porque son grandes y formados por material helado.

Los gigantes de hielo como Urano tienen capas de gas y material líquido.

Lunas y anillos de Urano

Urano tiene veintisiete lunas. Titania es la más grande, con un diámetro de 981 millas (1579 km). La más pequeña, Cupido, tiene solo 11 millas (18 km) de diámetro. Es más pequeña que la ciudad de Nueva York.

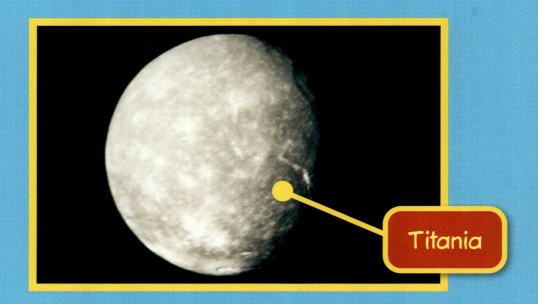

Titania

Este suelo frío y rocoso pertenece a la luna de Urano Miranda.

Los astrónomos han visto hielo en la superficie de cinco de las lunas de Urano. El hielo sobre estas lunas parece estar formado por agua sucia. La mayoría de los astrónomos cree que las lunas son demasiado frías para albergar vida.

Los anillos de Urano fueron descubiertos en 1977. Un artista creó esta pintura del planeta y sus anillos poco tiempo después.

Urano tiene trece anillos.

Estos anillos están formados por polvo y rocas heladas. Los anillos más internos son angostos y oscuros, mientras que los anillos externos son anchos y coloridos.

La mayoría de los anillos externos son rojos. Pero el anillo más externo de Urano es azul.

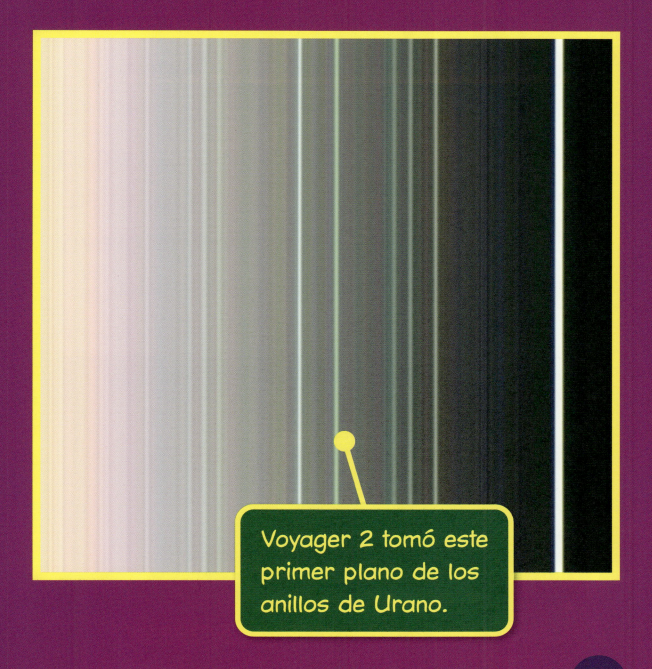

Voyager 2 tomó este primer plano de los anillos de Urano.

La vida en Urano

Los seres vivos necesitan agua para sobrevivir. Urano tiene pequeñas cantidades de agua en la atmósfera, pero no hay agua en su superficie. Los astrónomos no creen que Urano pueda albergar vida.

Los dos hemisferios de Urano

Urano es el único planeta del sistema solar que rota de lado. Gira de la manera en la que lo haría un balón si lo hicieras rodar sobre el piso.

Como Urano rota de lado, los polos norte y sur algunas veces señalan directamente al Sol.

Este gráfico muestra cuánto se inclina cada planeta de nuestro sistema solar sobre su eje.

Como Venus, Urano rota en su eje en la dirección opuesta a la mayoría de los planetas del sistema solar. Los astrónomos están estudiando los planetas para descubrir por qué.

Urano tiene días cortos y años largos. Un día en Urano dura unas diecisiete horas. A Urano le lleva dieciocho años terrestres completar una órbita alrededor del Sol.

Urano es el único planeta que no emite más calor que el que recibe del Sol.

Estudiar Urano

Con un viaje de más de nueve años, Voyager 2 se convirtió en la primera nave espacial que visitó Urano. Voyager 2 estudió el planeta durante solo unas seis horas, pero develó mucha información.

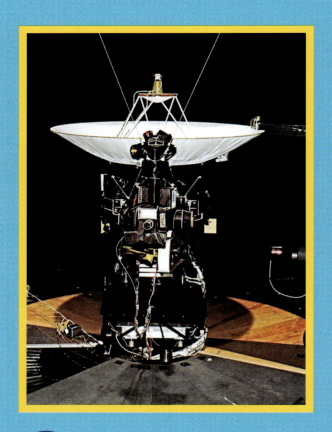

Antes de que Voyager 2 volara cerca del planeta en 1986, los astrónomos pensaban que Urano tenía solo cinco lunas. La nave espacial descubrió diez lunas más y dos anillos más del planeta.

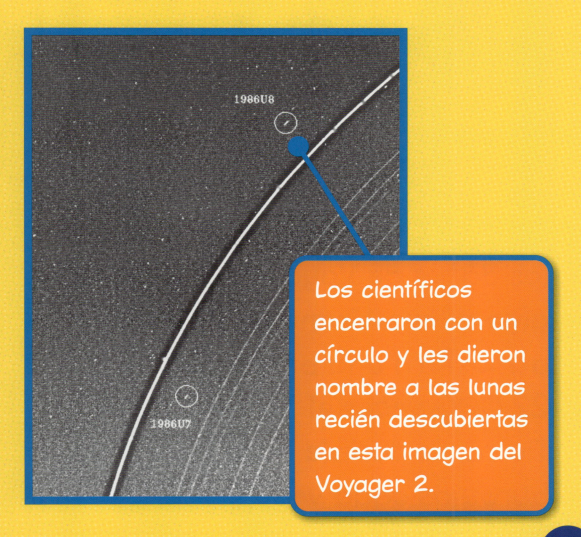

Los científicos encerraron con un círculo y les dieron nombre a las lunas recién descubiertas en esta imagen del Voyager 2.

Los ingenieros de la nave espacial usan trajes y guantes especiales para evitar que la nave se ensucie.

En 2020, los científicos repasaron los datos de Voyager 2 y develaron algo nuevo. Urano liberó de su atmósfera una burbuja que era 22 000 veces el tamaño de la Tierra. Es posible que Urano libere burbujas cada vez que rota.

Los astrónomos planifican descubrir más información sobre Urano con el telescopio espacial James Webb. El telescopio tomará fotografías de Urano para conocer más sobre el planeta.

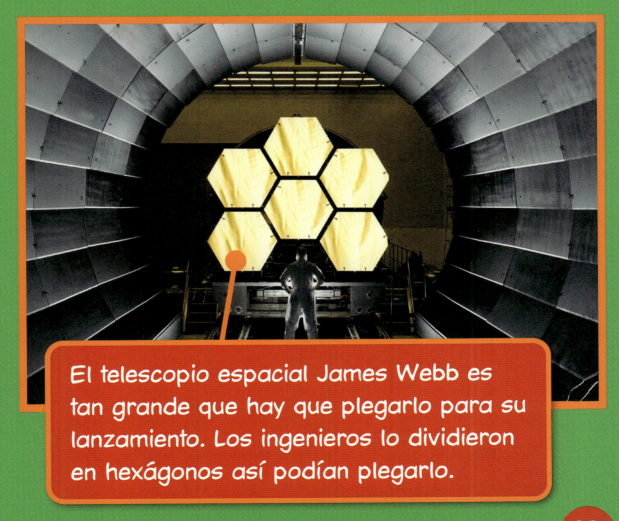

El telescopio espacial James Webb es tan grande que hay que plegarlo para su lanzamiento. Los ingenieros lo dividieron en hexágonos así podían plegarlo.

Datos sobre los planetas

- El color azul verdoso de Urano proviene del gas metano de su atmósfera. Otros gases de la atmósfera hacen que tenga olor a huevos podridos.

- Es posible que Urano sufriera una colisión con la Tierra u otro planeta hace mucho tiempo y quedara de lado.

- Ninguna nave espacial puede apoyarse en Urano porque no tiene una superficie sólida. De hecho, el planeta está compuesto principalmente por gases y líquidos que se arremolinan.

- Los vientos poderosos de Urano pueden alcanzar las 560 millas (900 km) por hora.

Historia espacial

Urano fue el primer planeta que se encontró con un telescopio. Lo descubrió William Herschel en el año 1781. Herschel pensaba originalmente que se trataba de un cometa o una estrella. Posteriormente, otro astrónomo, Johann Elert Bode, hizo observaciones que revelaron que Urano era un planeta.

¡Escanea el código QR a la derecha para ver a Urano en 3D!

Glosario

anillo: un círculo de polvo y piezas heladas o rocosas alrededor de un planeta

atmósfera: el aire que rodea un planeta

eje: una línea imaginaria sobre la que gira un planeta

gigante de hielo: un planeta grande y frío que tiene el núcleo helado

luna: un objeto que se mueve alrededor de un planeta

órbita: un recorrido curvo que sigue un objeto en su movimiento alrededor de otra cosa

rotar: moverse o girar en un círculo alrededor de un eje

sistema solar: una estrella y los planetas que se mueven a su alrededor

Más información

Devera, Czeena. *Uranus*. Ann Arbor, MI: Cherry Lake, 2020.

Kiddle: Uranus Rings Facts
https://kids.kiddle.co/Rings_of_Uranus

Milroy, Liz. *Explora Venus*. Mineápolis: ediciones Lerner, 2024.

Murray, Julie. *Uranus*. Mineápolis: Abdo Zoom, 2019.

NASA Space Place: All about Uranus
https://spaceplace.nasa.gov/all-about-uranus/en/

Índice

agua, 9, 12
anillos, 10-11, 17

hielo, 7, 9

lunas, 8-9, 17

Neptuno, 7

telescopio espacial James Webb, 19

Venus, 14
vida, 9, 12
Voyager 2, 16-18

Créditos por las fotografías

Créditos de las imágenes: NASA/JPL-Caltech, pp. 4, 16, 18; WP/Wikimedia Commons (CC BY-SA 3.0, p. 5; NASA, pp. 6, 9; Mevan/Shutterstock.com, p. 7; NASA/ARC, pp. 8, 10, 17; NASA/JPL, p. 11; NASA/JPL/Lawrence Sromovsky/University of Wisconsin-Madison/W.W. Keck Observatory, p. 12; NASA/ESA/M. Showalter, p. 13; NASA/JPL-Caltech/Richard Barkus, p. 14; janez volmajer/Shutterstock.com, p. 15; NASA/MSFC/David Higginbotham, p. 19.

Portada: forplayday/Getty Images.